Hochverdichtet

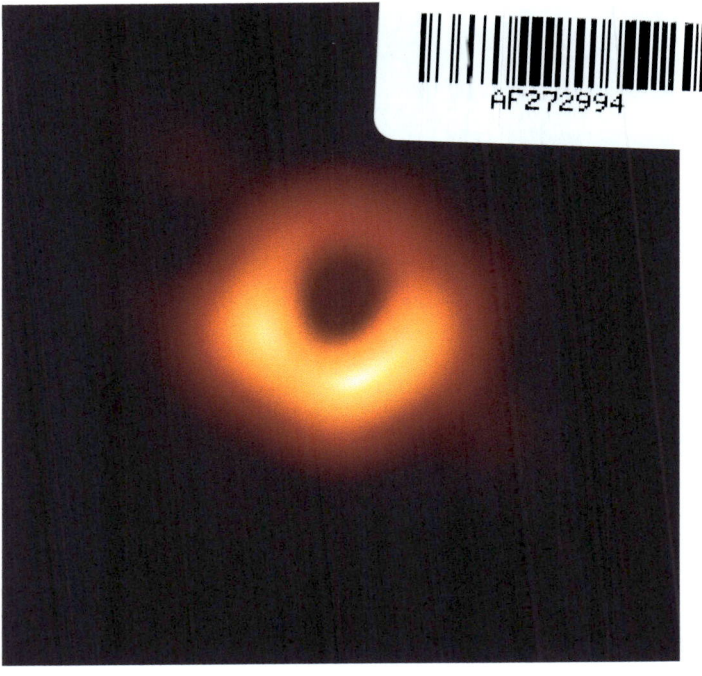

Wenige Worte, die viel sagen möchten

von Hans-Jürgen Sträter

Wer von innen heraus leuchtet,

hat keinen Schatten.

Vorwort

Auch Pflanzen und Tiere verständigen sich miteinander. Die Kommunikation des Menschen hat sich in einem sehr langen Zeitraum entwickelt. Durch Worte wurden seine Kultur und Religion geprägt. Dann erfand er Werkzeuge wie Schrift, Bücher, Telefon, Internet, KI und andere Medien, um seinen geistigen *Kosmos* zu erweitern.

Das Johannesevangelium sagt: *Im Anfang war das Wort.* Das bezieht sich auf die ersten Worte der Bibel die sagen: Gott sprach: **Es werde** Licht…

Wenn man das **Es werde** durch **Es wurde** ersetzt, sind wir bei der Physik, beim Anfang von *Raum und Zeit*! Albert Einstein und Stephen Hawking erklären, wie alles mit dem Urknall kam, was wie ein schwarzes Loch ist. Im schwarzen Loch wird Materie *hochverdichtet*, verliert sich Raum und Zeit, das ist wie ein *Urknall rückwärts*, eine regelrechte Implosion. (siehe auch Coverbild)

Zurück zur Sprache: Vor dem Buchdruck waren Bücher eine Kostbarkeit, die von Künstlern (oft in Klöstern) mit viel Zeitaufwand erstellt wurden. Da man sie im Alltag nicht hatte, wurden Texte auswendig gelernt. Um diese besser behalten zu können, kamen Rhythmus und Reim dazu. *Dichter* dieser Werke waren ebenfalls großartige Künstler, selbst aus der Antike sind sie uns noch bekannt. Sie *verdichteten* Sprache und schufen *zeitlose* Werte. Dazu prägten große Bibliotheken wie in Alexandria das Bewusstsein der Menschheit. Hier wurde das gesamte Wissen der damaligen Zeit gesammelt (und *verdichtet*).

Unsere (hoch)-*verdichteten* Texte möchten Sie gern zum Nachdenken, vielleicht auch zum Wider-*Spruch* anregen.

Braunschweig, im April 2025   *Hans-Jürgen Sträter*

Vom Inhalt reich,

an Gaben schön,

mach dir dein Leben gleich

wie wir es gerne sehn.

Inhaltsangabe

Wie herrlich sind die Sterne,
wir sehn sie trotz der Ferne.
Doch sehen kann das All sich nicht -
es braucht mein staunend Geisteslicht.

Aus dem Staub, der hochverdichtet,

erscheinet das Sternenlicht,

das das Leben uns errichtet,

und schenkt Augen klare Sicht.

Nur in dem Augenblick,

in dem Vergangenheit

gegen wartende Zukunft prallt,

liegt unsere Chance.

Ohne Wertschätzung

keine Würde.

Lachen, Schauen und Vertrauen,

fröhlich sie auf Zukunft bauen,

Kinder sind so, sind ein Gut,

machen mit – und machen Mut.

Vermögen ist Vermögen

und reichen macht reich.

Ein Mensch will unvergesslich bleiben,
fängt an und hört nicht auf zu schreiben.
Kommt einer zu ihm auf Besuch,
erwartet ihn bestimmt ein Buch.
Er fragt sich, wo die Leser bleiben.

Täglich geht die Sonne auf -

freu dich drauf!

Gedanken zum Nachdenken:

Nach denken geh danken.

Das Licht selbst kann keiner sehen,

doch es macht alles sichtbar.

Auch Gott kann man nicht sehen,

doch durch ihn „Du" erkennen.

Unser Lebensraum hat zwei Türen,

die die Klinken außen haben.

Vergangenheit ist eine Kraft,

die Wissen schafft.

Doch wer was zu und künftig

will entstauben -

muss glauben.

Lieber einmal spontan,
als immer nur nach Plan.

Ein Mensch hat öfter einen Streit,

flieht darum in die Einsamkeit.

Als er hier ist völlig alleine,

kommt er mit sich endlich ins reine -

dann tut ihm plötzlich manches leid.

Lieber schalten und walten
als abschalten und verwalten.

Ein Gärtner geht im Garten

und seht, wie er sich freut,

wenn sich bei seinen zarten

Blümlein ein neues zeigt.

Der Garten ist das schönste

Zimmer der Wohnung.

Musik ist wie die Morgenröte

einer neuen Welt.

Ein Wort ist wie ein Faden,

es verknüpft das Heute

mit der Vergangenheit

und unserer Zukunft.

Je dunkler die Nacht,
desto heller leuchten die Sterne.

Durch die Stille

des unendlichen Raumes

glüht einsam die Goldene.

Der Blaue umkreist sie liebevoll

in Milliarden Jahren und Herzen.

Wunderweise weben wir weiter,

denn fröhlich leuchten uns die Farben

der Edelsteine und Sterne.

Wie relativ ist unser Raum,
ist er unendlich oder Traum?
Da gibt es Massen und auch nicht –
im Grenzbereich pulsiert das Licht.

Wie relativ ist unsre Zeit,
führt sie in alle Ewigkeit?
Wann können Uhren rückwärts gehen,
wo kann man unsre Kindheit sehen?

Wie relativ ist denn das Licht,
warum hat's Photon kein Gewicht?
Und weshalb ist so rasend schnelle
die unerklärbar' Teilchenwelle?

Wie relativ schwarz ist das Loch,

ist es ein Galaxienkoch,

wo Staub und Sterne einst vergehen,

um neu im Jetstrom zu entstehen?

Wie relativ ist unser Wissen,

so dass wir immer fragen müssen?

Ja, unser Denken ist beschränkt;

der Schädel das Gehirn einengt.

Wie relativ ist dies Gedicht,

ist es zu einfach und zu schlicht?

Es möge heute allen sagen,

dass wichtig ist, Neues zu wagen.

Eingeengt in Zeit und Raum
bleibt die Freiheit oft ein Traum.

In der Dunkelheit der Zeit
scheint das kleinste Leuchten helle,
doch im Blick zur Ewigkeit
sind wir wie ein Funken schnelle.
Dennoch wirk mit deinem Licht
froh und mild und warm und gut,
der dir schenkt sein Angesicht,
gibt doch alles – auch den Mut!

Überlegen macht überlegen.

Keiner ist ein einsamer Punkt,
jeder hat einen Platz
in dem großen Buch der Welt,
in dem wir alle mitschreiben

Der erste Garten der Menschen

war auch schon ein Paradies.

Das Wort ist eine große Kraft,

die abreißt und auch Neues schafft.

Erforsche das Werden der Sterne,

den Anfang des Seins in der Ferne,

schau ebenfalls auf das Feine,

erkenne: du bist nicht alleine!

Die Gemeinschaft, das ist unsre Stärke,

mit der wir bauen große Werke.

Ohne Licht kein Gedicht!
Ich könnte ja nicht schreiben
und müsste einsam bleiben.

Nämlich dich gäb' es nicht!
Denn ein blindes Wesen
kann doch auch nicht lesen.

Ohne Licht keine Sicht,
kein Sein ohne Werden
im Himmel und auf Erden!

Kinder dieser Welt

haben mir eine Frage gestellt:

„Kinder der Reichen sterben für Geld,

der Armen unter dem Sternenzelt -

Sind Kinder das STERBEN unserer Welt?"

Kinder dieser Welt

haben die manche Fragen gestellt:

„Wir fallen, weil keine Hand mehr hält,

verschmachten, weil Brot und Liebe fehlt -

Sind Kinder nur Scherben unserer Welt?"

Kinder dieser Welt

haben uns viele Fragen gestellt:

„Wer hat all unsere Tränen gezählt,

wir hätten gern eine Zukunft gewählt -

Sind Kinder noch Erben unserer Welt?"

Wenn nur Macht und Geld noch zählt,

ist das Thema „Mensch" verfehlt,

Wer kann noch die Gelder zählen,

die in vielen Kassen fehlen?

Wenn die Schulden explodieren,

kommt der Hunger und das Frieren.

Im Frieden kann der Mensch viel fertigen,

die Friedfertigkeit hat er nicht geschafft.

Viele Menschen Frieden wollen

für sich und die ganze Welt.

Hören aber Panzer rollen

durch die Gier nach Ruhm und Geld.

Treue heißt:

tätiges Vertrauen

Wo ist das Gesetz geblieben

und auch die Gerechtigkeit?

Diktatoren sie vertrieben,

Totengräber unsrer Zeit.

Leben heißt Geben -

drum gib und lieb!

Wenn Blumen leuchtend blühen,

verblassen manche Mühen.

Und die Sorgen werden klein,

ergrünt ein kleiner Sonnenschein.

Früchte hat sich der erdacht,

der gern Menschen Freude macht.

Manchen Mensch muss man bewahren,

es fehlt ihm an den reifen Jahren.

Es kommen auf ihn viel Gefahren

und das gewiss in großen Scharen.

Was du früh säst,

kann später geerntet werden.

Aber was dazwischen passiert

bestimmt ein anderer.

Einer macht aus Wasser Wein,

aber viele vollbringen das Gegenteil.

Raum und Zeit
sind zwei Seiten
von einer Medaille -
doch den Goldanteil
bestimmst du.

Alles Wissen ist wie bunter Sand,

aus dem wir ein Mosaik machen.

Ein Wald wird nicht

in einer Stunde gebaut

und eine Stadt nicht

an einem Tag errichtet.

Grüßen, Danken, Freundlichkeit

machen alle Herzen weit.

Verwurzelt in Vergangenheit,

der Baum auf Zukunft baut.

Gern uns mit seiner Frucht erfreut -

er ist uns lieb, vertraut.

Herr, lass mich hören wie ein Uhu,

sehen wie ein Adler und lieben wie Du.

Alles Leben kommt

aus einer anderen Dimension,

deshalb können wir es

hier nicht nachbauen.

Viele Menschen fragen gerne

das „Woher?", „Wieso?, „Warum?",

schauen deshalb auf die Sterne,

machen ihre Hälse krumm.

Manchmal finden sie Antworten

zum Geheimnis dieser Welt,

öffnen sich des Himmels Pforten –

weil nur Gottes Liebe zählt.

Du bist in die Welt geboren,

dass sie geht niemals verloren.

Bücher machen Worte dreidimensional:

sie beschreiben die Vergangenheit,

leben in der Gegenwart

und planen die Zukunft.

Wenn eine Raupe ihr Zeit erreicht,
wird sie als Schmetterling neu geboren.
Dann kann sie sich aufschwingen
und ihre Welt von oben betrachten.

Der Mensch hat drei Schätze:

Den Kopf für den Verstand,

das Herz für die Weisheit

und die Hände zur Anwendung.

Wieviel Sterne mussten sterben
für dein Leben?

Doch du kannst, was sie vererbten,
weitergeben.

Voll Licht soll deshalb jedes Herz
nach Frieden streben.

Wer nichts erwartet,

kann nie enttäuscht werden.

Keiner wird doch alles kennen
und war auch schon überall,
so schnell kann ja niemand rennen –
man kommt leiden schnell zu Fall.

Impressum

Hochverdichtet
Wenige Worte, die viel sagen möchten
von Hans-Jürgen Sträter
Herausgeber: Hans-Jürgen Sträter
Verlag: BoD · Books on Demand GmbH, Überseering 33,
22297 Hamburg, bod@bod.de
Druck: Libri Plureos GmbH, Friedensallee 273,
22763 Hamburg
ISBN: 978-3-7693-2156-2
Ausgabe: 1. April 2025
Bildnachweise:
Cover und Seite 1: Wikipedia
Seite 25, 37, 53, 57, 63, 72: Arthur Elser, Heilbronn
Seite 15 und 43: Hans-Jürgen Sträter/Dall-E

Weitere Bücher von Hans-Jürgen Sträter finden Sie hier: